This Book Belongs to:

____

www.ingramcontent.com/pod-product-compliance
Lightning Source LLC
Chambersburg PA
CBHW052115020426
42335CB00021B/2773
* 9 7 8 1 9 9 7 5 1 0 0 9 3 *